My Trip to
Hawaii
Coloring Book
and
Journal

This book belongs to:

_____

date: _____

Day 1

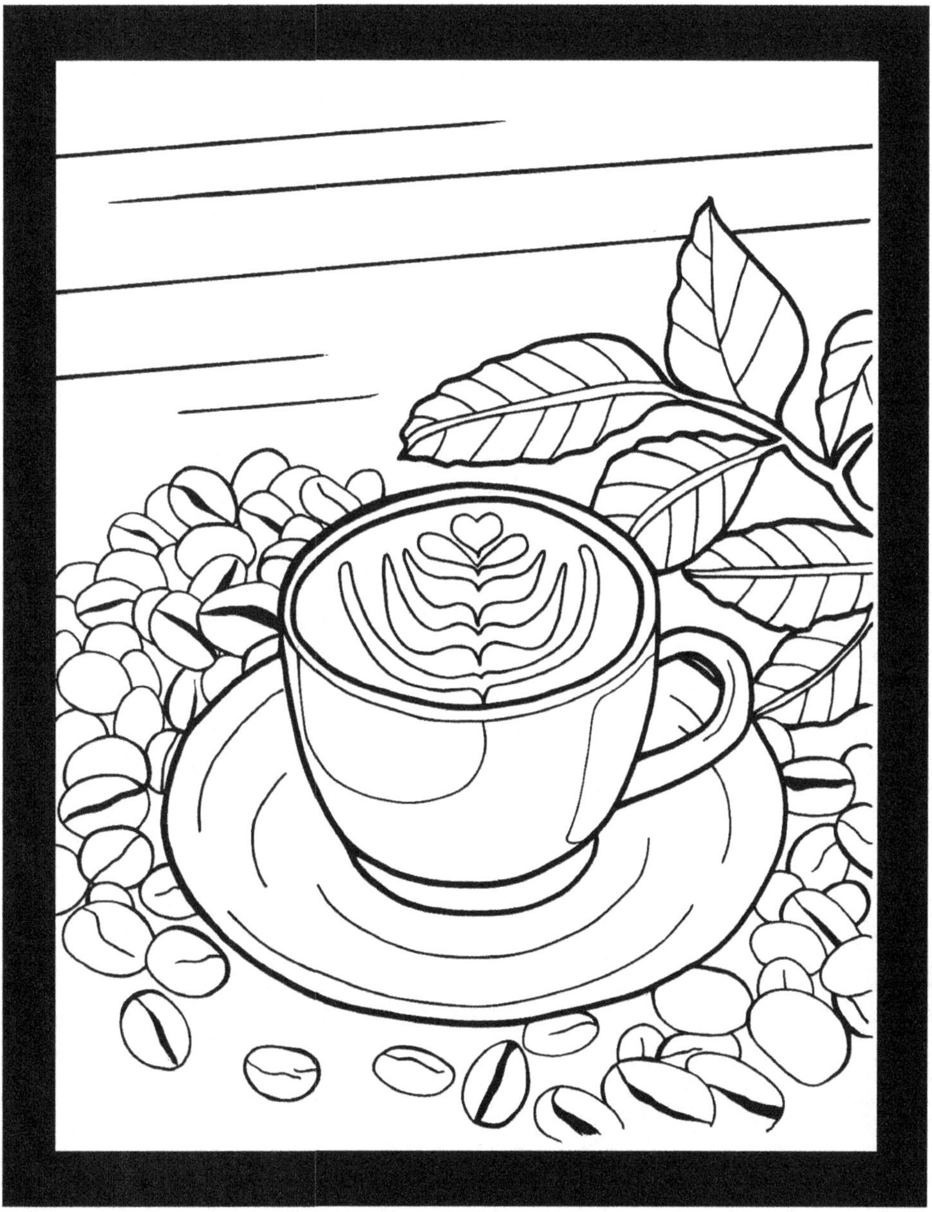

Day 2

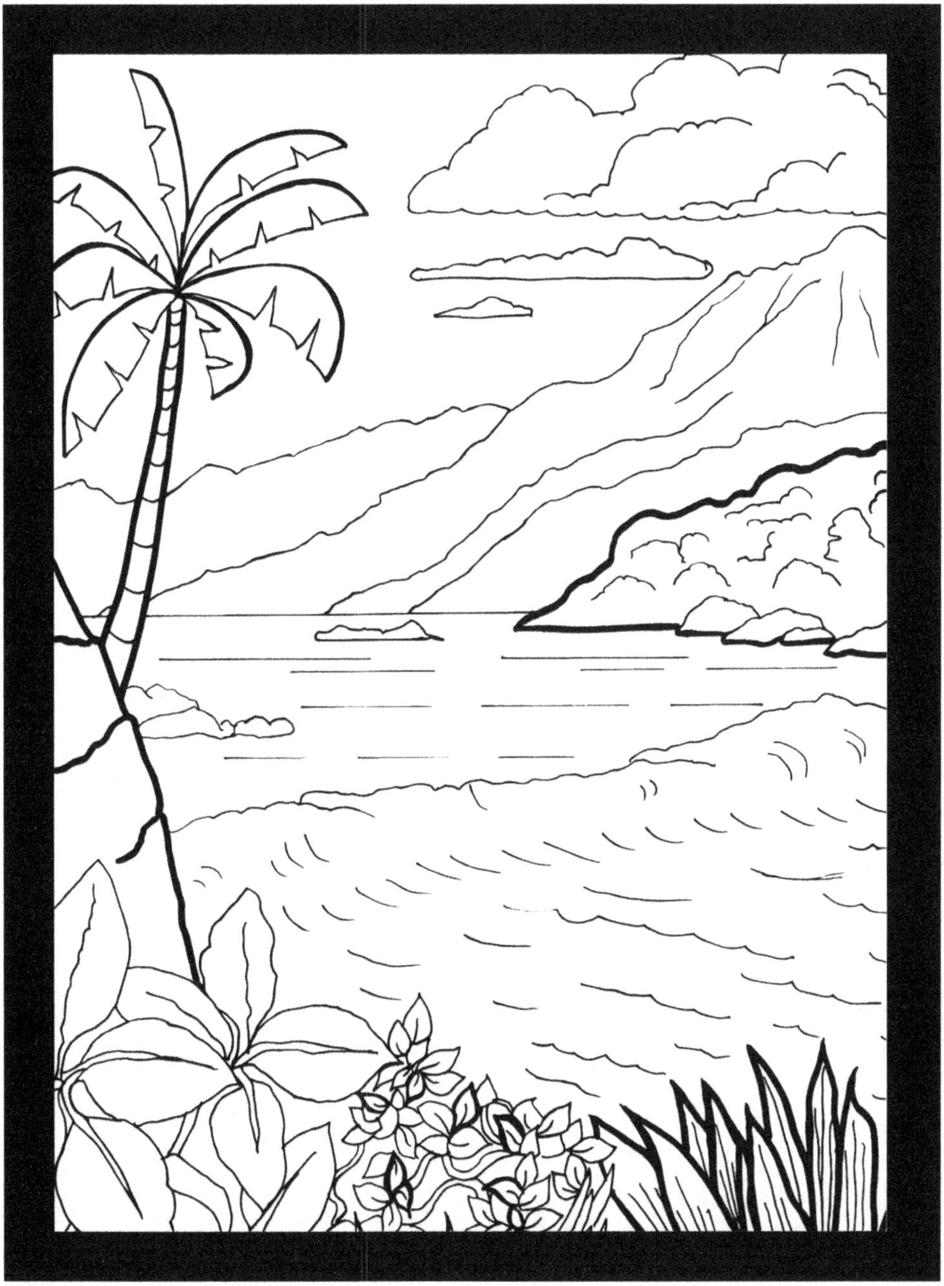

Day 3

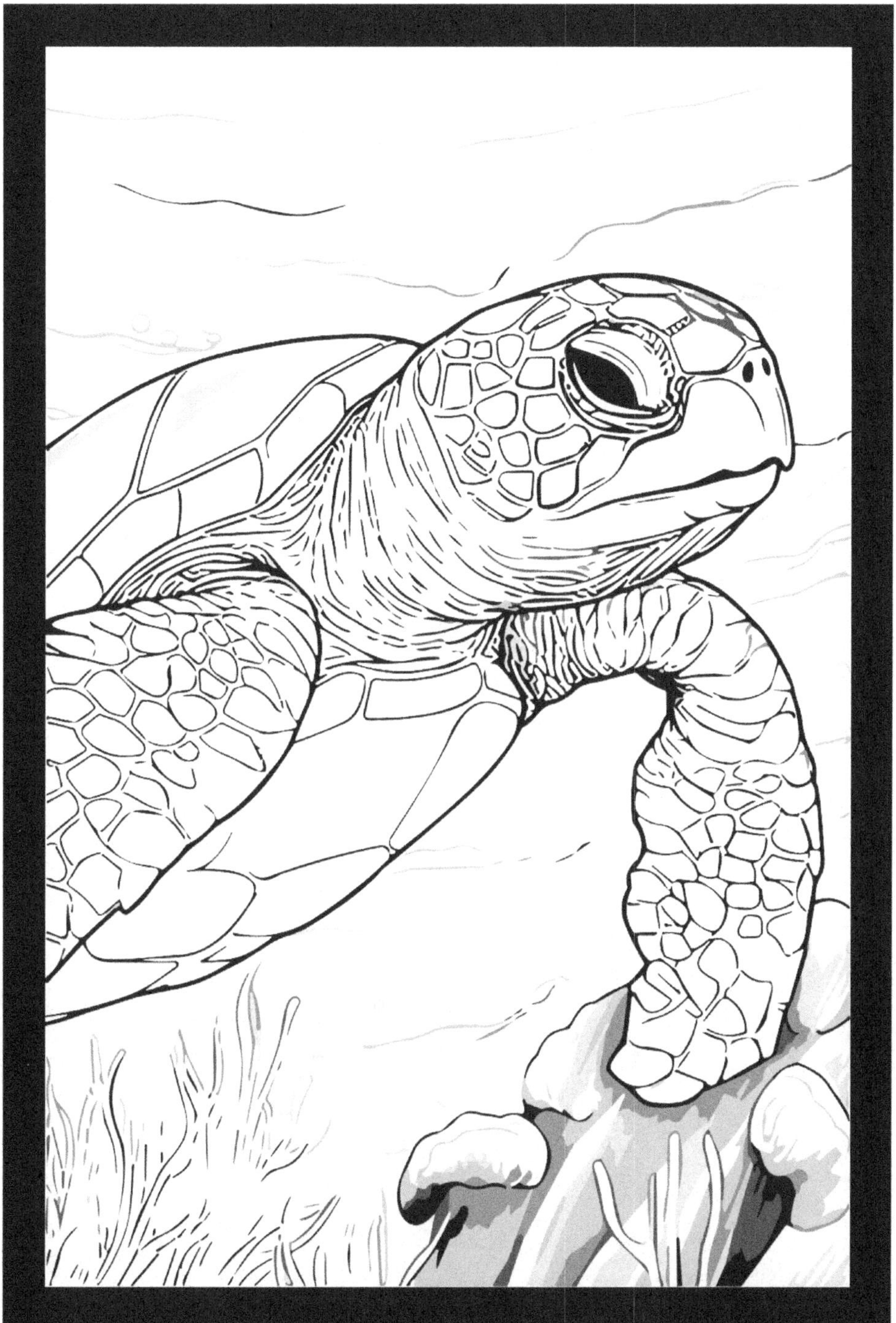

Day 4

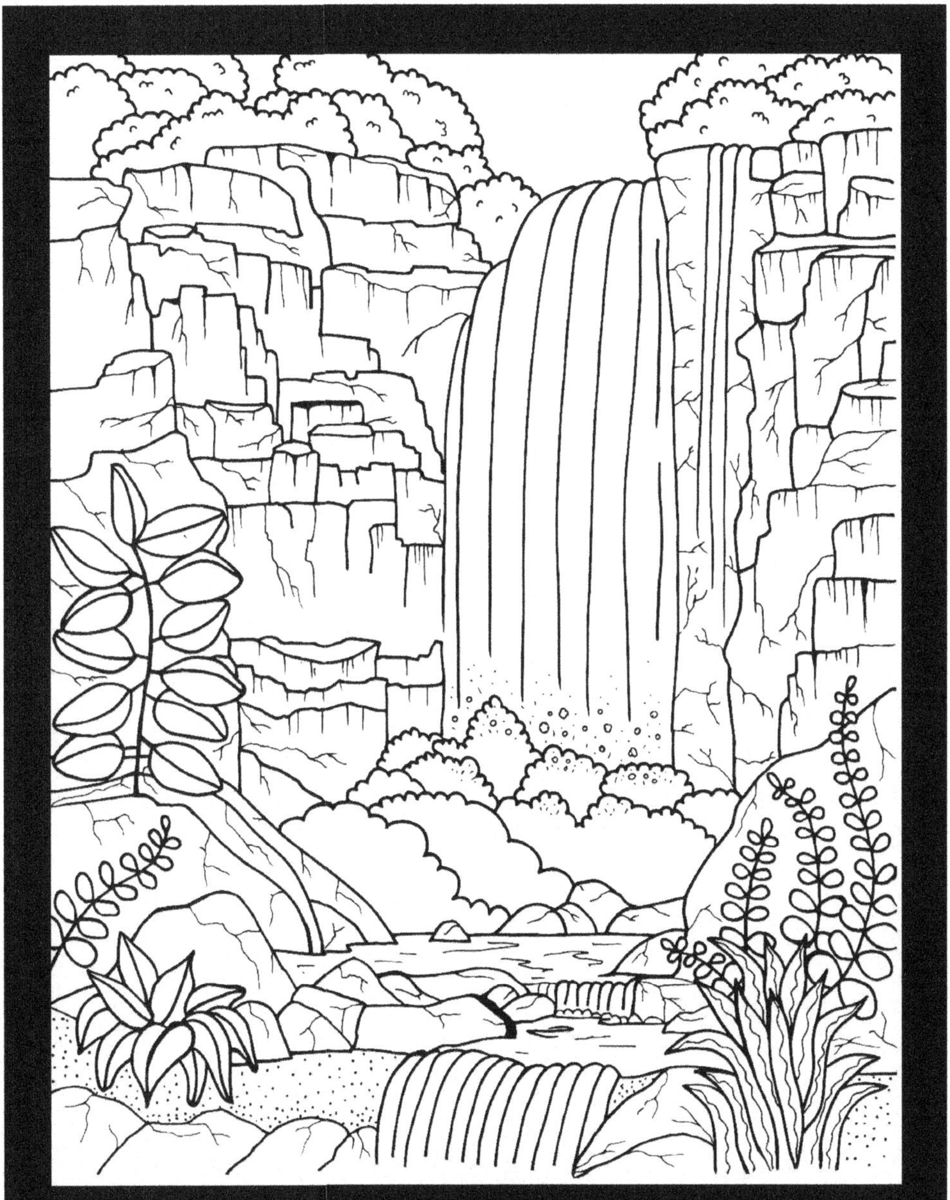

Day 5

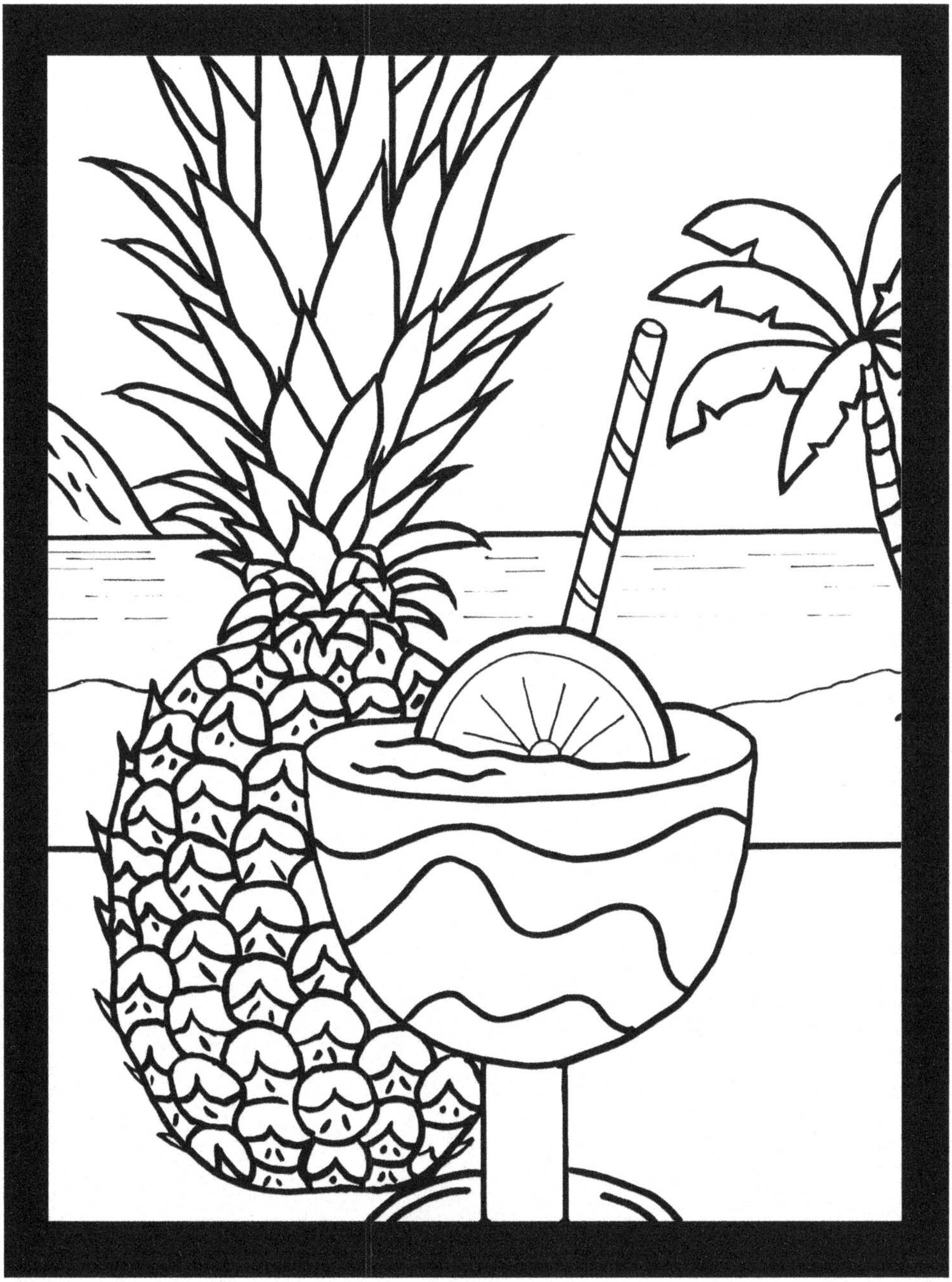

Day 6

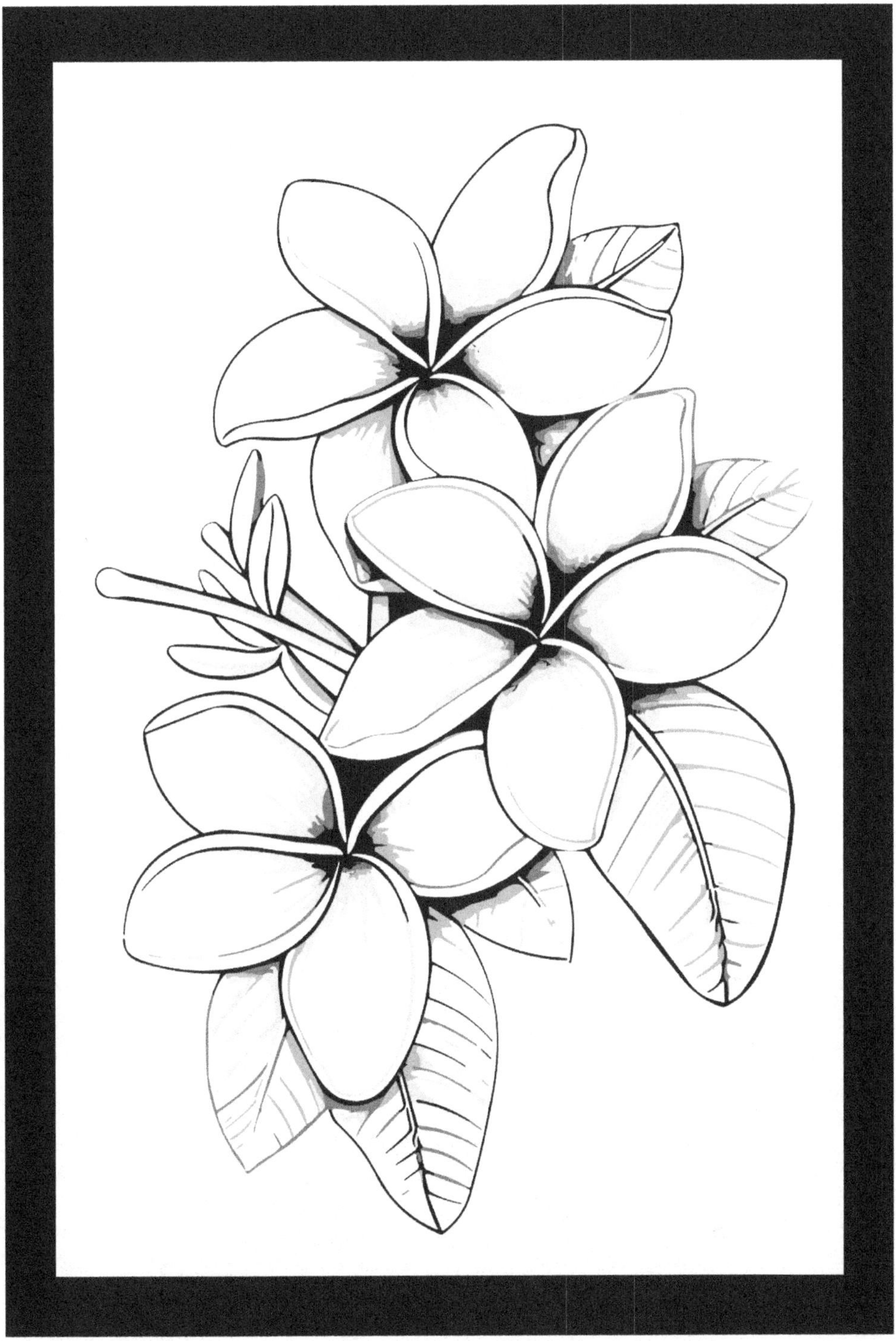

Day 7

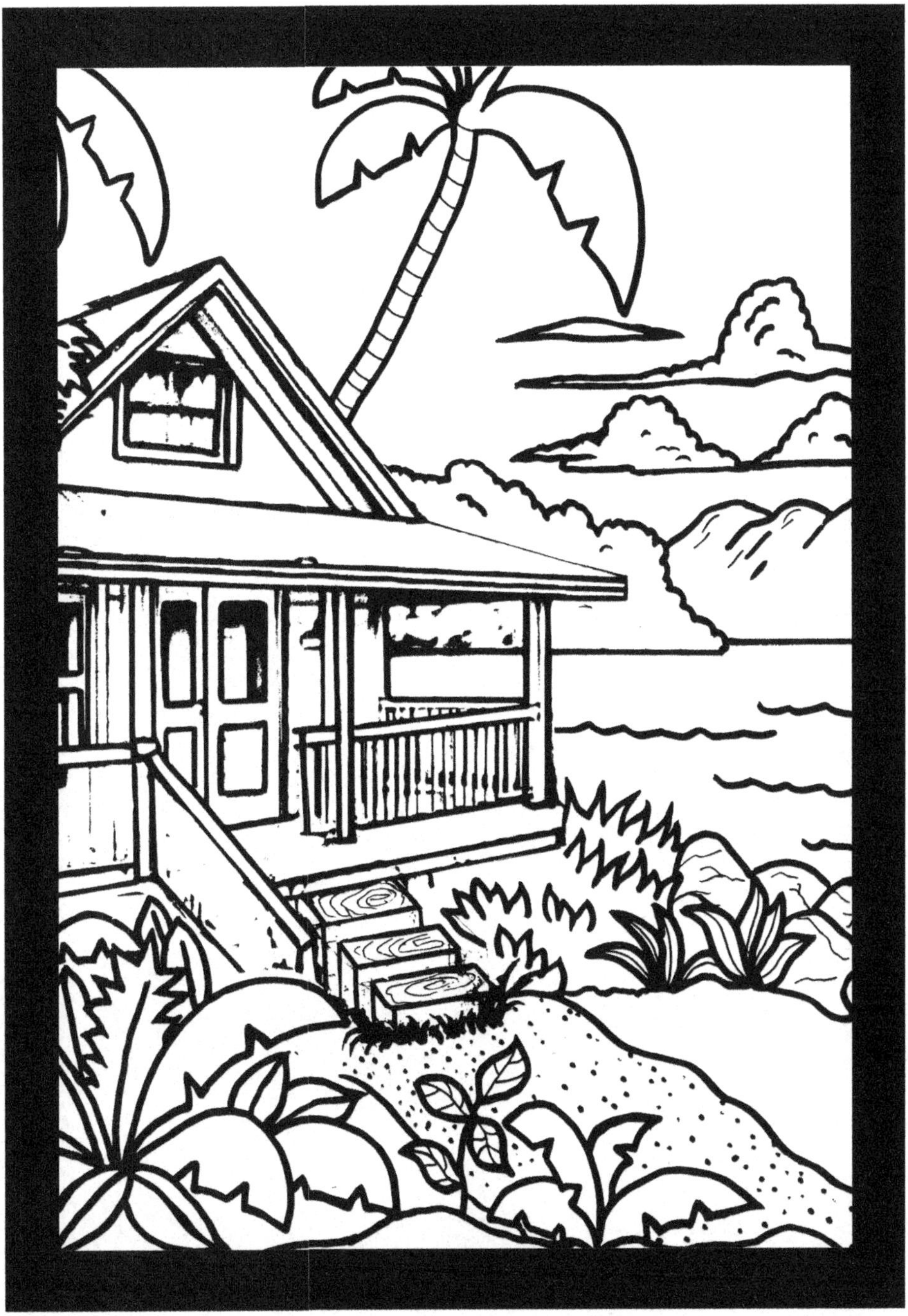

Day 8

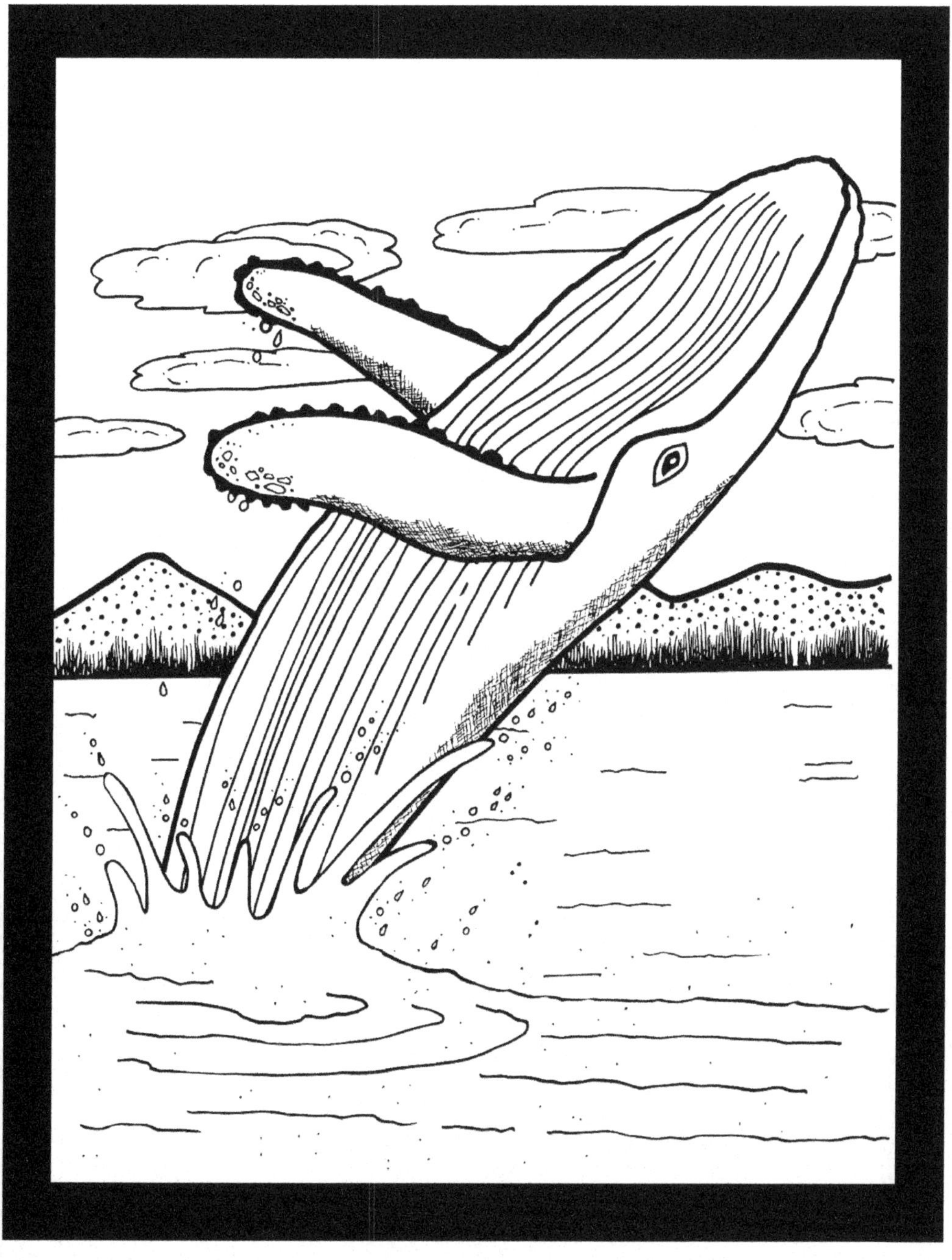

Day 9

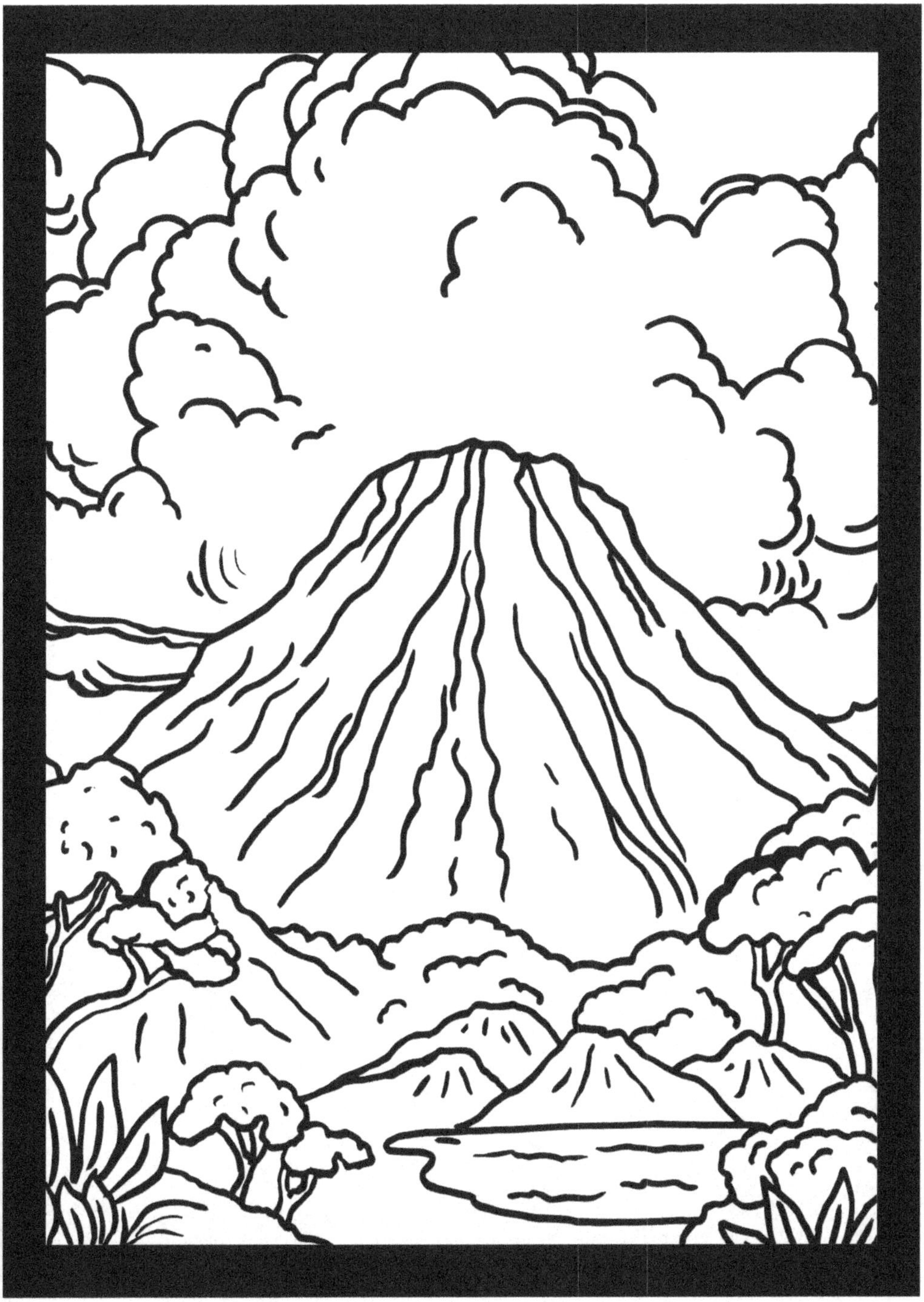

Day 10

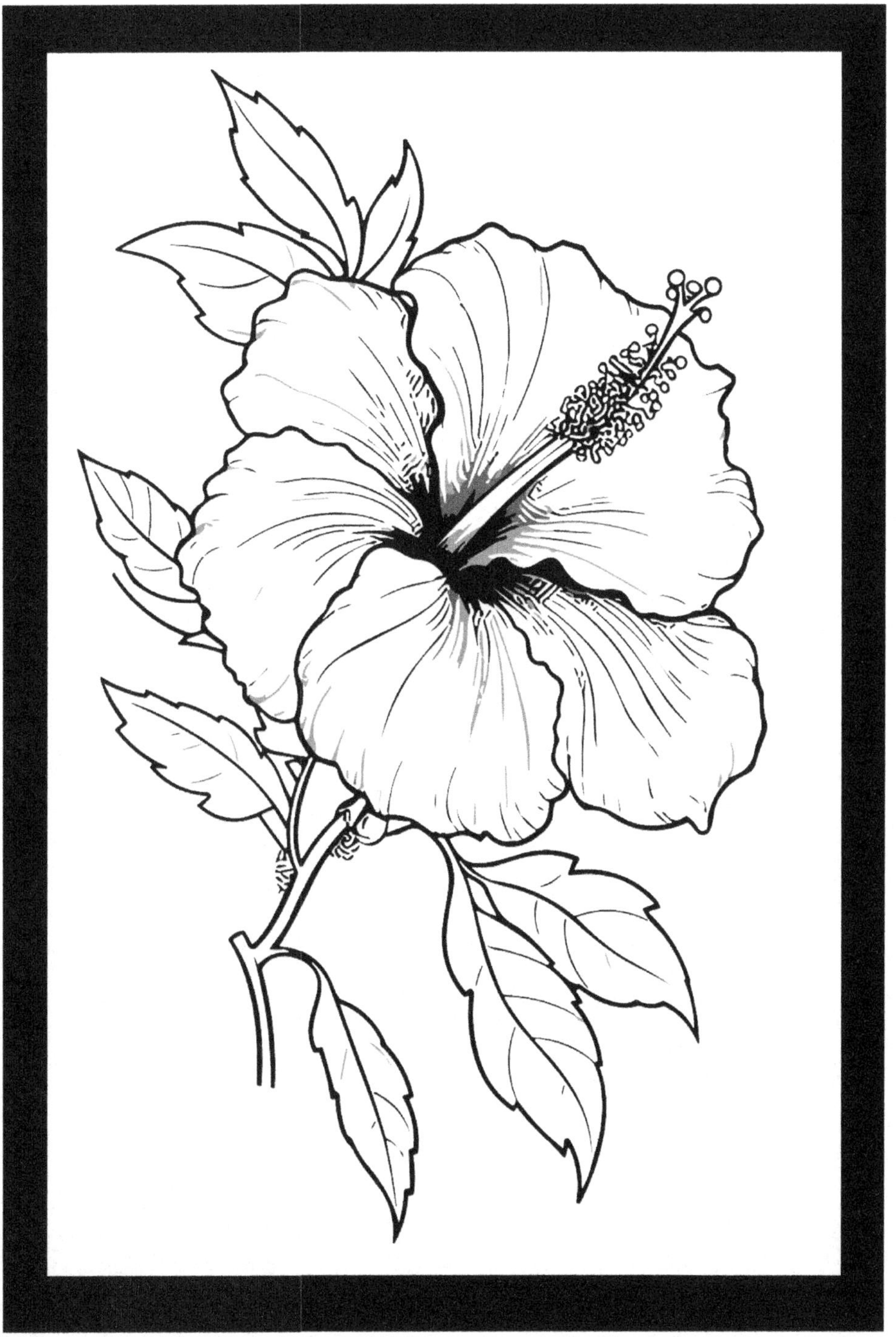

Day 11

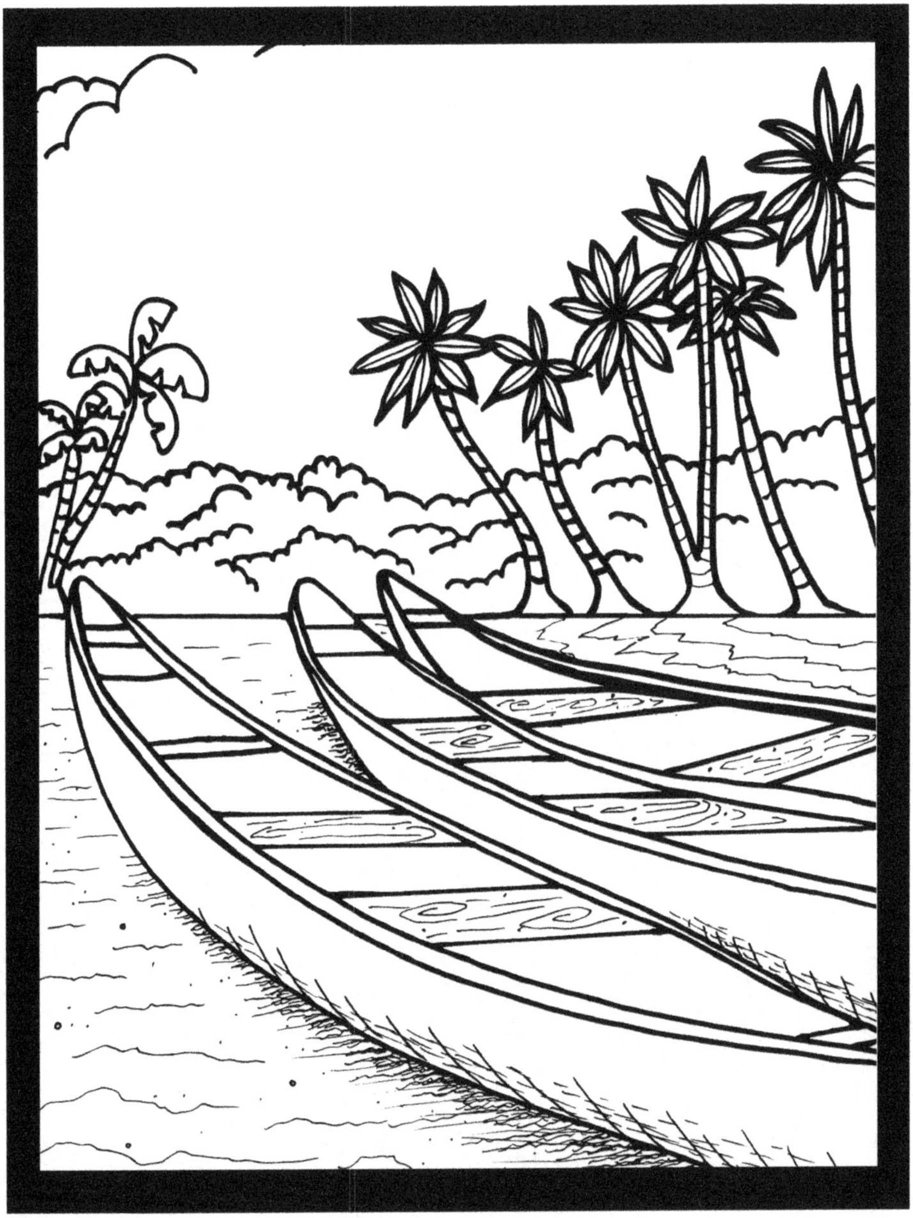

Day 12

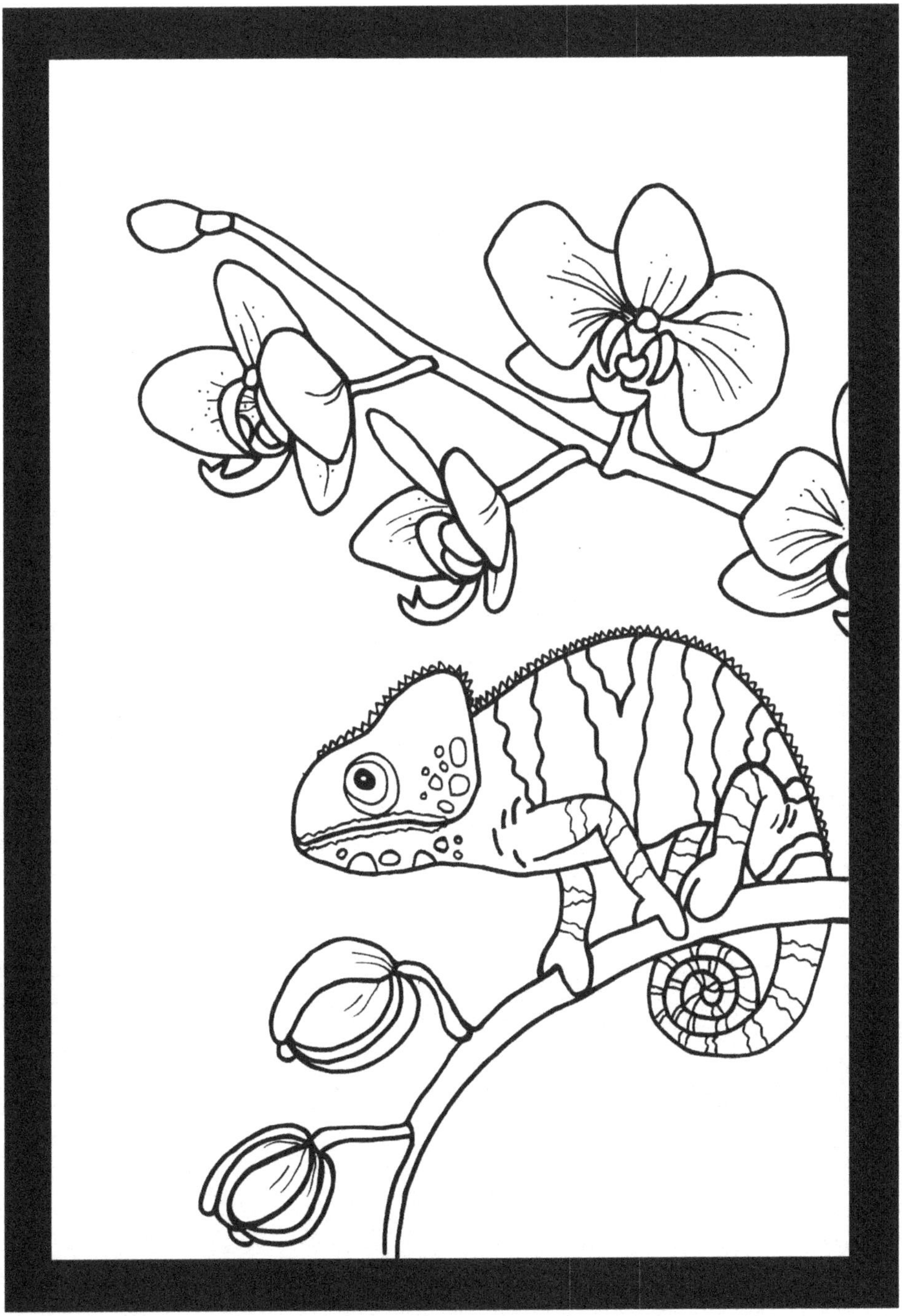

Day 13

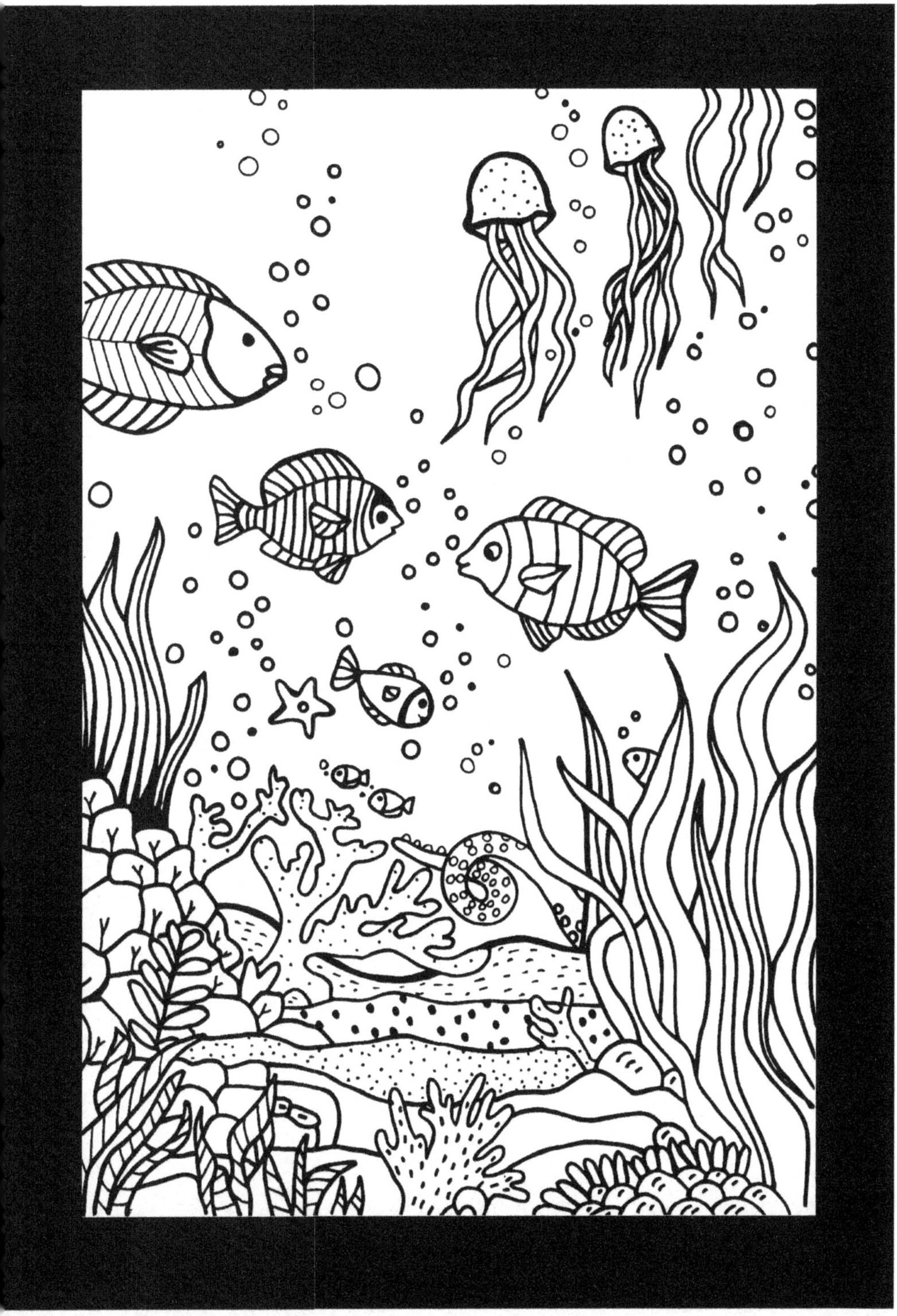

Day 14

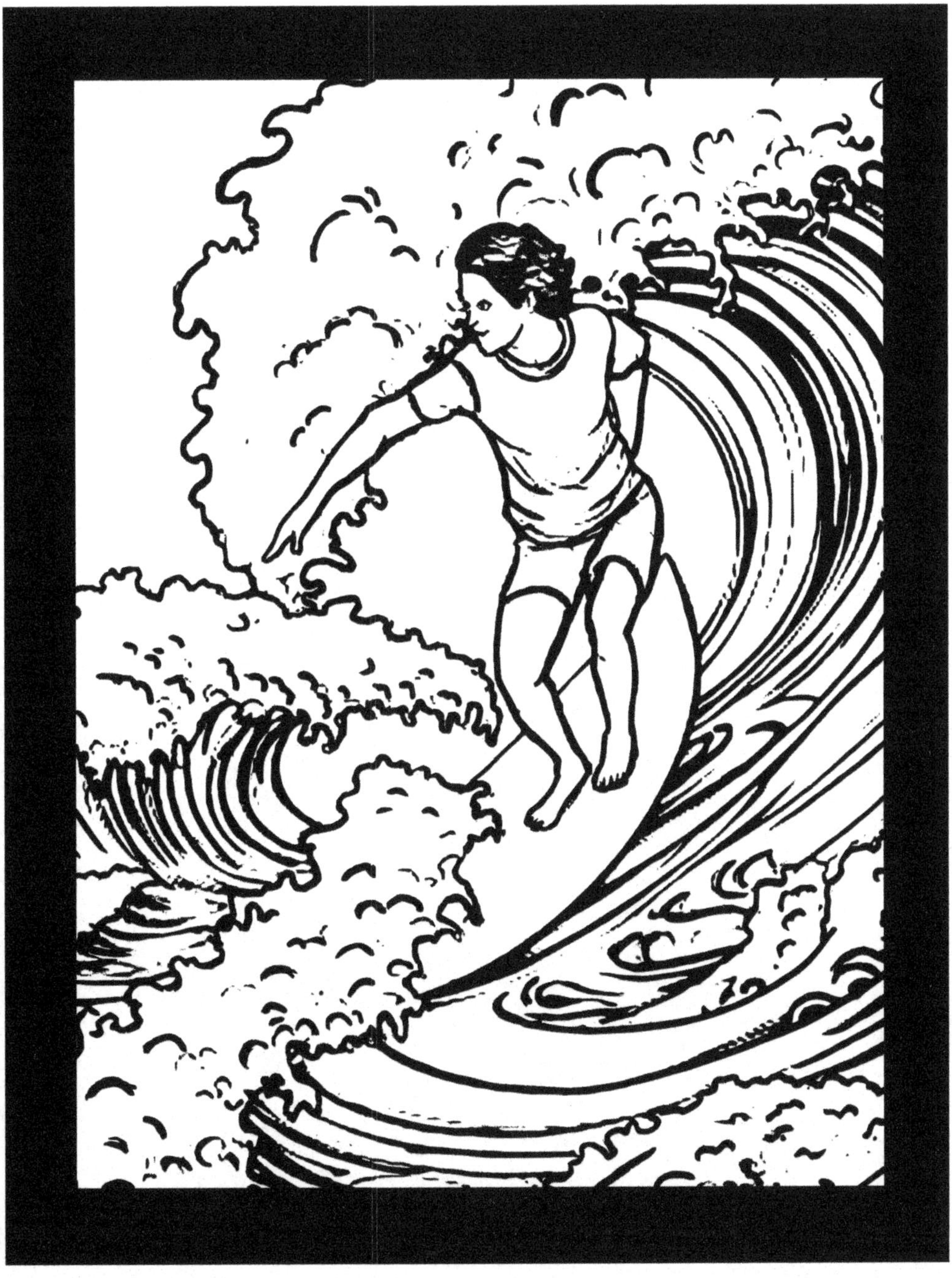

More Coloring Pages

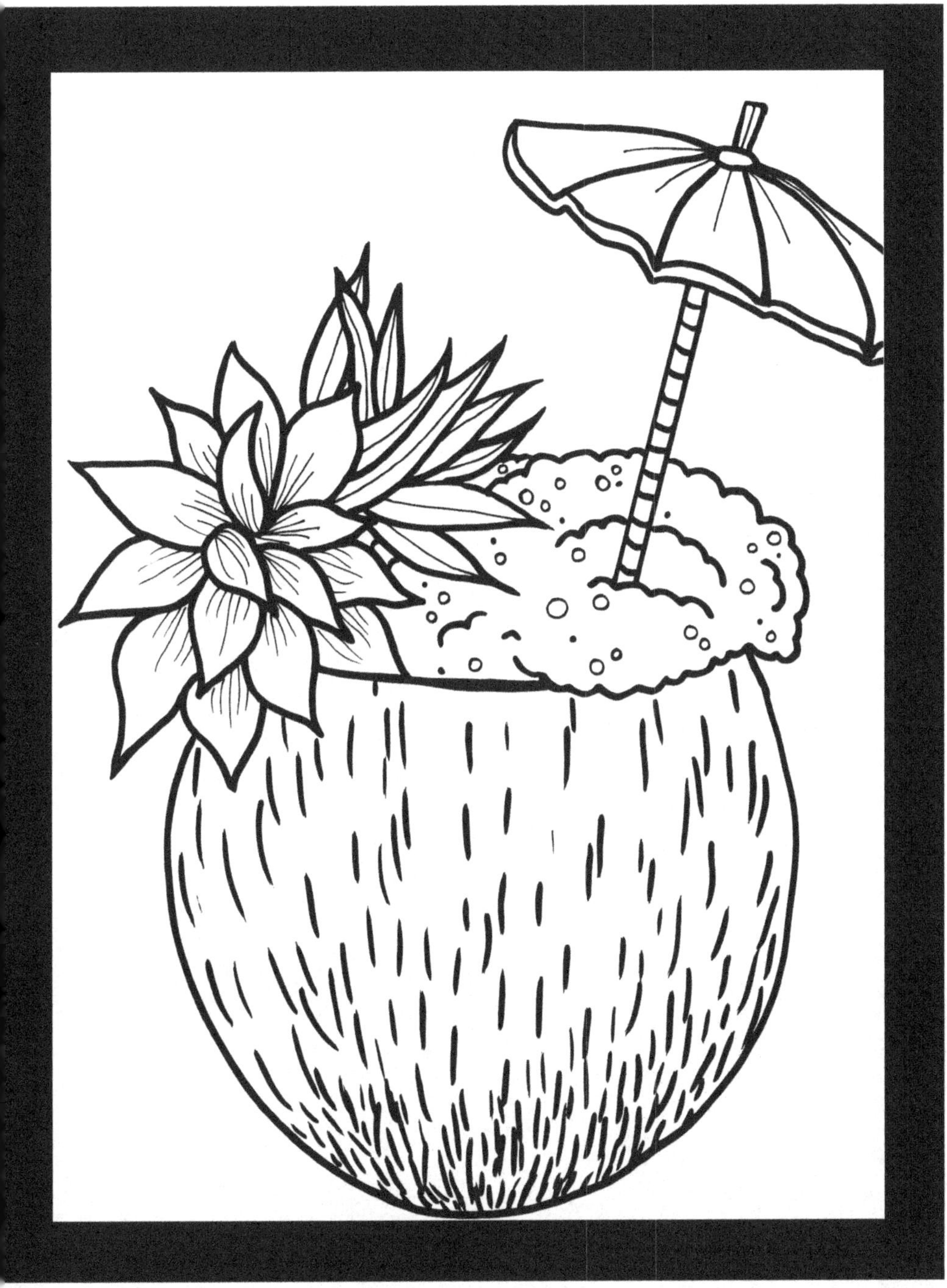

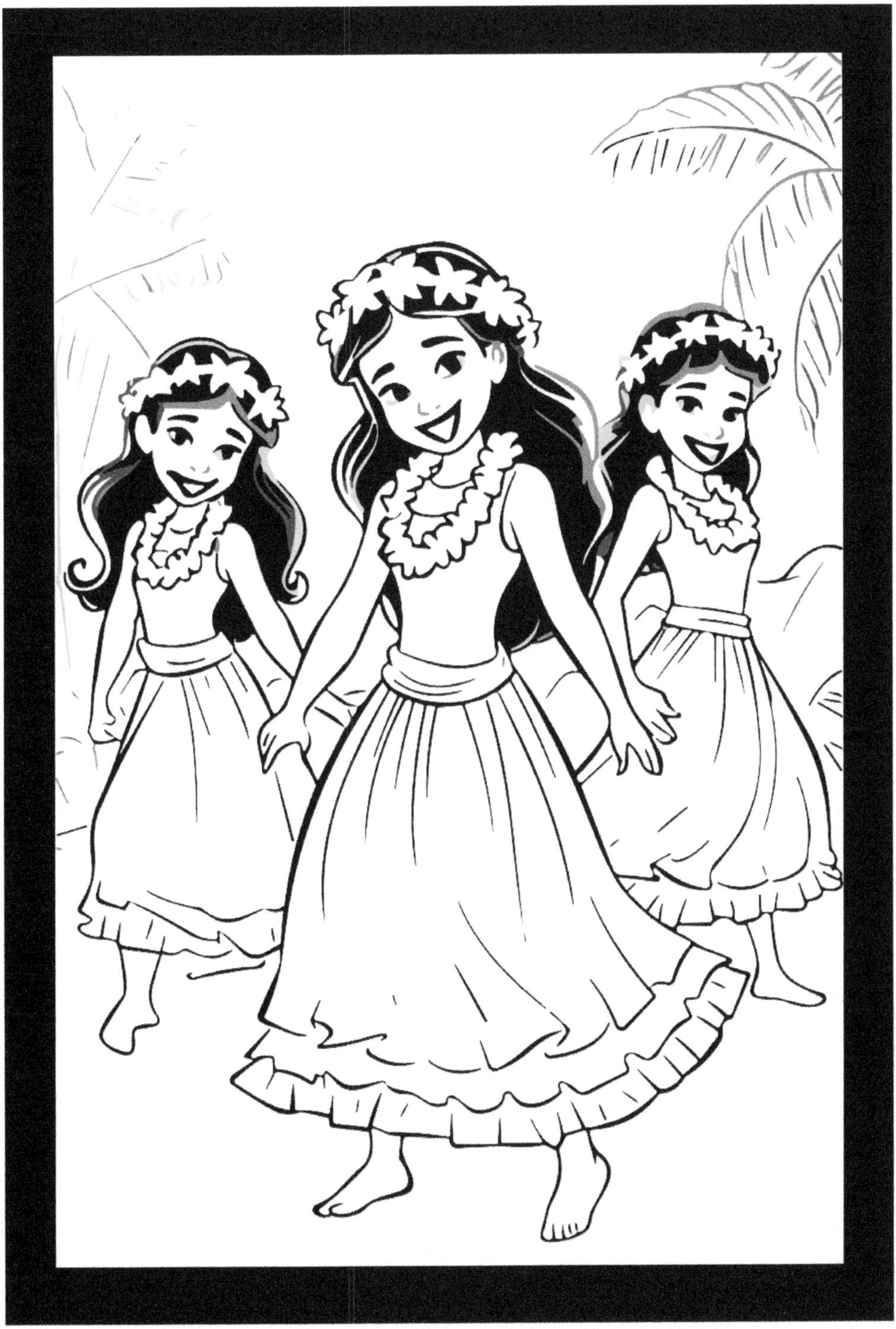

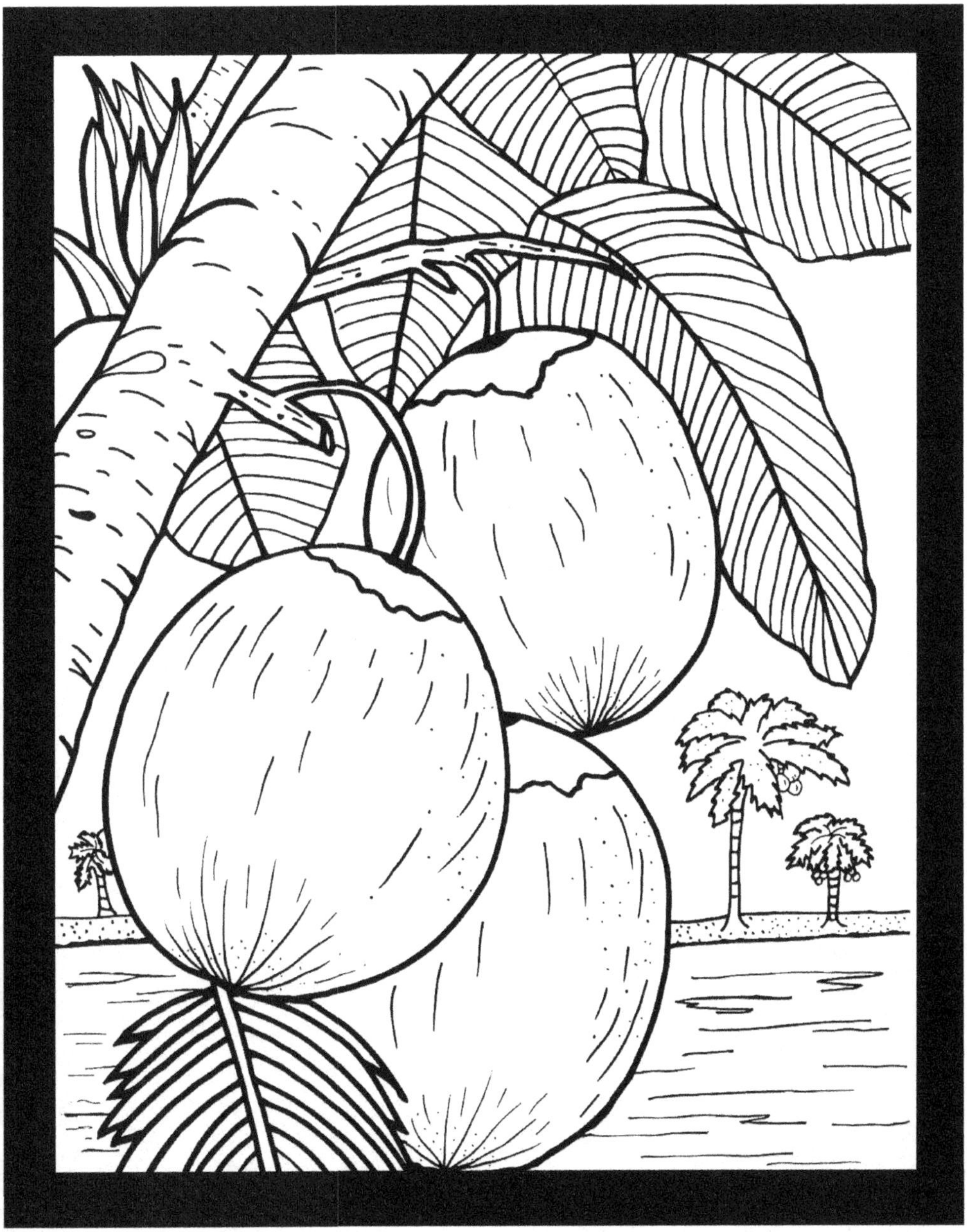

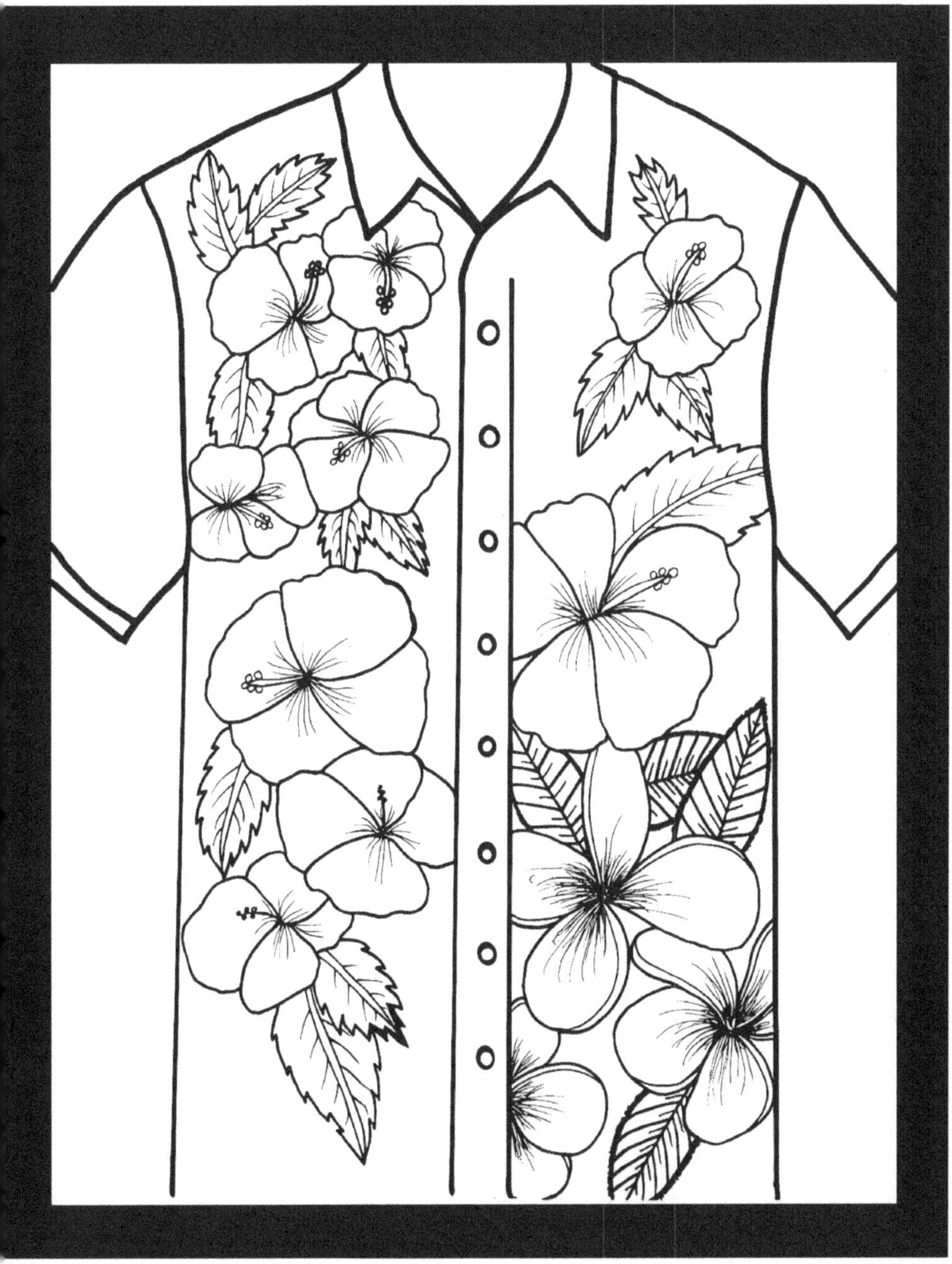

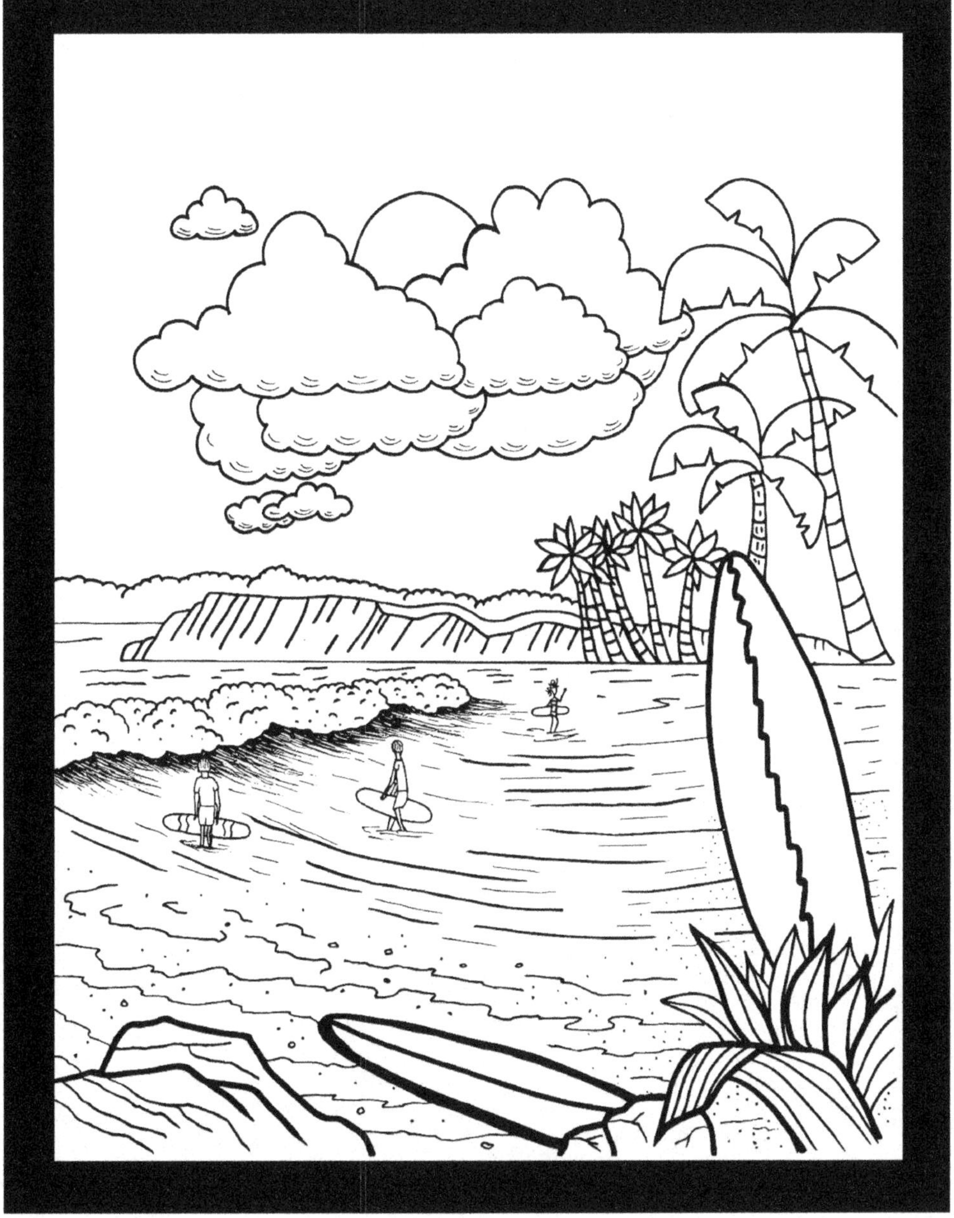

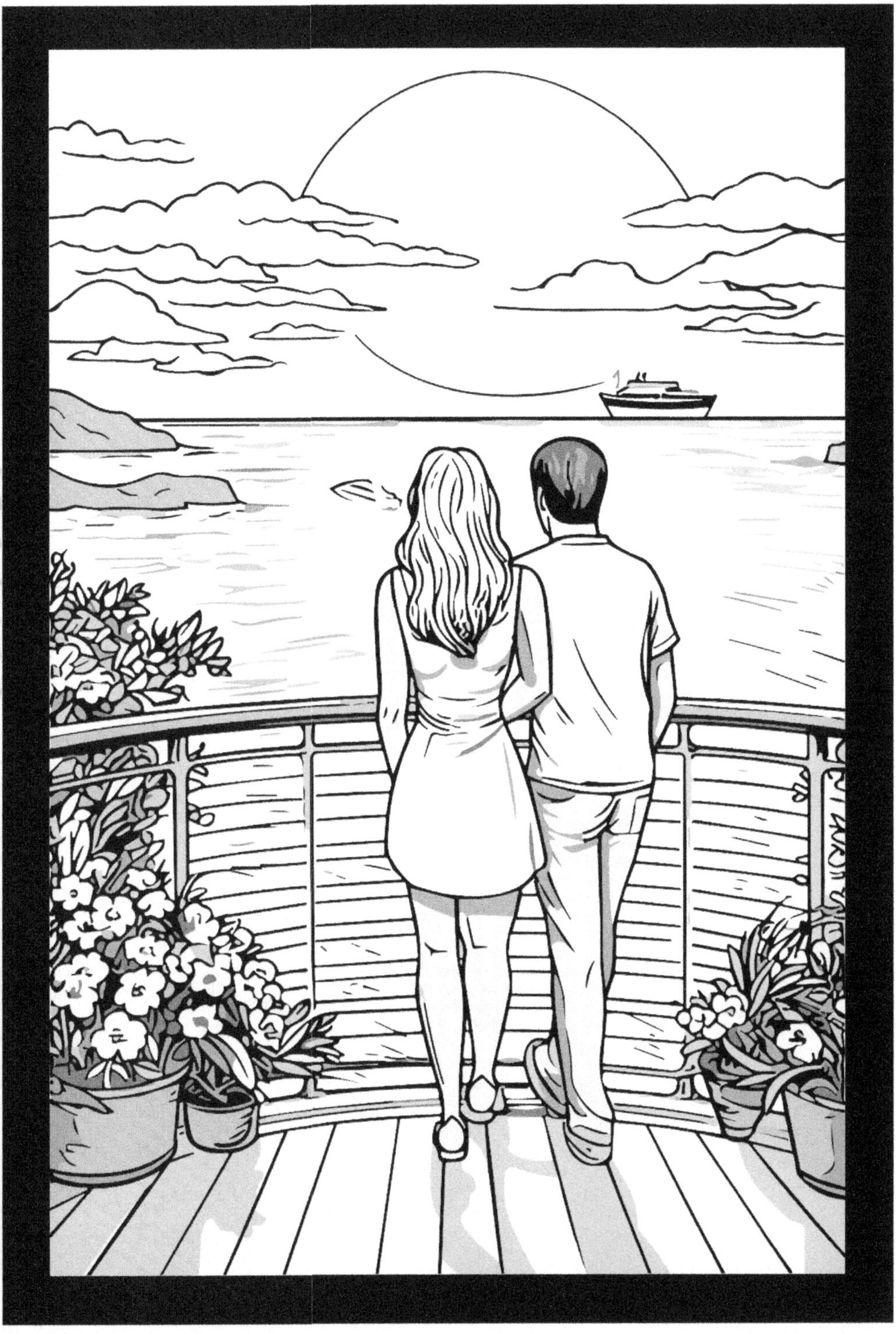

Extra Notes